Lorenzo de Campos

El olvido y el polvo

Colección Piel de sal

LORENZO DE CAMPOS

EL OLVIDO Y EL POLVO

CELESTA

COLECCIÓN PIEL DE SAL, 40

Diseño de cubierta: RAGSE

Primera edición, 2025

© Lorenzo Santana Cruz
© Celesta
C/ Nieremberg, nº5, 5ºA
28002 – Madrid
editorialcelesta@gmail.com

ISBN: 978-84-126149-9-2
Depósito legal: M-21961-2025

Quelle chimère est-ce donc que l'homme? quelle nouveauté, quel monstre, quel chaos, quel sujet de contradictions, quel prodige? Juge de toutes choses, imbécile ver de terre, dépositaire du vrai, cloaque d'incertitude et d'erreur, gloire et rebut de l'univers.

(¿Qué quimera es pues el hombre?, ¿qué novedad?, ¿qué monstruo? ¿qué caos?, ¿qué sujeto de contradicciones?, ¿qué prodigio? Juez de todas las cosas, imbécil lombriz, depositario de la verdad, cloaca de incertidumbre y error, gloria y escoria del universo.)

Blaise Pascal, Fragment *Contrariétés*, 14
(Laf. 131, Sel. 164).

Decimos con demasiada ligereza cosas que distan mucho de ajustarse a la realidad, como el abuso de la palabra «siempre». «Para siempre» es un imposible para los humanos, y en general para casi cualquier cosa en este mundo que no sea la misma multimilenaria tierra, puesto que están sujetos a la extinción temporal que representa la muerte. Pero nos aferramos a la creencia de la vida eterna, prometida por las religiones y anhelada por el espíritu humano.

El olvido y el polvo

El olvido y el polvo,
el polvo y el olvido,
la mayor parte, a casi todos.
Tan solo unos poquísimos
alcanzan el recuerdo
de las venideras gentes y, aun así,
malamente,
      a duras penas,
            a trompicones,
pues ardua tarea es labrar el intelecto duro,
diamante que tan solo un igual tallarlo puede.
¿Y dónde un igual para el alguien único
que cada uno somos? Y así,
en las aras de una humanidad implacable
entregamos nuestras vidas jóvenes y los sueños
en loor de un mañana que nunca veremos.

Meteorito

Caigo redondo como un meteorito,
un diminuto fragmento de polvo
cósmico y astral, muy condensado.
Me lleva la inercia tan deprisa,
tan airada, tan soberbia en su huida,
que ni acierto a poner los pies
uno junto a otro acompasados.

Caigo sin remedio por el tubo,
cuesta abajo, deslizándome
a toda prisa, sin asideros ni mortaja,
mientras me espera probablemente
la misma plácida llanura que dejaba
hace un instante atrás en las alturas.

En las brumas

En las brumas aún del final
de la noche estrellada
espero la dulce aurora mansa
y quedamente, lleno de sueños.

La luz destilaba sus crenchas
en la estancia olvidada
que el polvo pintaba de tornasoles
y un montón de personajes
revoloteaban por mi mente
dando vueltas y cháchars
sin concierto alguno ni guía,
solo palabrería sin substancia,
incomprensible, etérea como aire
de un bosque de sueños, alejado
de la furia de los hombres.

Allá a lo lejos, la silueta breve
de un castillo de luces redivivas,
la leve ilusión de una mortaja
para los miembros extenuados
tras una noche sin descanso.

Llama de vivo acero

Como una llama de vivo acero
arde y me consume esta fiebre,
pertinaz sosiego de mis días blancos,
oscura paz de mis noches leves.
Ya no tengo descanso pues el ansia
pide su tributo de goces y de savia;
la sangre de la herida no cesa
nunca de manar tan quedamente.

Las palabras

Porque a veces yo no puedo
      expresar lo que siento
            las palabras…
¿Huyen? ¿No se hallan? ¿Dónde están
               las palabras?
En el grito inspirado de una mezcla de color.
En unos acordes rotos y opresivos, en un ritmo
             incidente.
Busco, busco, busco y oprimo mi mente
   [apabullada
y nunca me resulta eficaz lo que encuentro.
¡No es eso! ¡No es eso!
      Aún no es eso.
        Apenas es eso.
Me calmo al poco y prosigo
con mi tarea y con mi búsqueda
que ahora es otra.

Drama de la existencia humana

La soberbia de una razón que cree comprenderlo todo y a la que se le escapan, como pececillos de plata, de los dedos los misterios insondables de la existencia. Y aún así, sigue creyendo que va a llegar un día en que lo podrá discernir todo y ser ya de veras Dios, el único dios verdadero. Opresivo drama de la existencia humana, que ignora de su origen todo, si fue creada por azar o capricho de otro que se le escapa inmarcesible, autónomo, desligado, incomprensible. Y en su afán de soberbia y de drama, de tragedia y de exasperación, de deseo truncado e incapacitado para lograr el Absoluto que sueña y que aspira desde el principio, se lanza a los brazos del anestesista que mitigue el dolor con cualquier artimaña, artificio, droga o afición; con la imagen poderosa, con el culto ordenado y preciso, con belleza transformada, recreada a partir del mundo en que se ve inmerso. Pero somos herederos de nuestros propios límites; aquellos que recibimos y aquellos que nos hemos impuesto. Y los límites marcan la condena, las rejas de la celda de una cárcel del alma en la que hemos decidido residir por el resto de nuestros días terrenales, con la única compañía de una sucesión de imágenes danzarinas y risueñas, pero imágenes, muertas, detenidas en el tiempo, insubstanciales, del valor de un instante. Mas ese instante, uno solo, merece una vida de penas descontables… Para algunos. ¿O para muchos?

Hado de los dioses caprichosos

No puedes esperar que un hado
de los dioses caprichosos cambie
tu sino en un instante y te permita
hacer de tu vida algo distinto.
El hado no es un hada que varea
con su mágica manita y todo cambia.
El hado en gran medida está contigo
contenido en la mitad de tu cerebro,
esa que tantas veces se te escapa,
como una chiquilla traviesa, de las manos,
reluctante al asimiento fácil y consciente,
zascandilera, imprecisa, gandulona,
un poco culo de mal asiento y gloria
de un día que, por su fugaz belleza,
tanto espanta y seduce que atrapa,
atractiva pasión que nunca alcanza
el objeto y su objetivo tan mudable,
volandero. Feliz dolor y tormento.

Soñó Dios

Soñó Dios en su perfección eterna
un mundo lleno de seres imperfectos
pues su perfección se comparte
pero no se posee completa. Solo Él
es el único perfecto, acabado, inmutable.

El mundo que soñó es un cúmulo
de maravillas y desolaciones, de luz
y oscuridades, de penas y alegrías,
de razón y sinrazones entremezcladas,
de calma y tempestades, de dicha
y dolores, de estío y de gélidos días,
de mares profundos y de cumbres
bañadas de nieves y ventiscas de acero.

Y en medio de todo el hombre,
un doble organismo de extraña factura,
una contradicción en sí mismo, tan débil
y tan constante, tan sublime y tan rastrero,
tan infame y tan glorioso, tan solo
y tan acompañado, tan grupal, tan bobo
y a la vez cumbre de inteligencias;
como especie y conjunto considerado
no difiere de otros animales, mas como
seres aislados y solitarios descubren cimas
cercanas a la divinidad del Dios que les soñó.

Desperté y vi la habitación sumida
en las sombras aún de la noche pasada.

La gran historia del mundo

Cuando transiten los hombres
entre la miríada de estrellas
¿quedará algún rastro en sus almas
de la gran historia de su mundo?
¿Habrá memoria en sus cerebros de metal,
en sus cuerpos cibernéticos rehechos
de piezas?

Una negra sombra, como negra es
la inmensidad fría del espacio no hollado
aún, se perfila en los nuevos reclutas
que llenan hoy día los aularios
de los ejércitos del futuro régimen
ideadamente interplanetario.

¡Ojalá me engañe
como tantas veces
frente a la pantalla negra y
    todopoderosa
       que se yergue
          siniestra
            en medio
              del salón!

Porque olvidamos el pasado
demasiado rápido, caemos
los hombres otra vez en el fango.

Olvidamos la esencia
para poder seguir vivos.
Olvidamos la muerte
para seguir dando pasos.
Olvidamos al otro,
al menos aparentemente,
para que su dolor no afecte
nuestra risa y nuestro día.
Olvidamos que fuimos máscaras
de serena impavidez cuando
hizo falta nuestra presencia.

Pero ¿quién soporta la amargura
de la leche envenenada
de unos pechos ya olvidados
pero siempre en remembranza?

¿Y de veras olvidamos?
¿O tal vez solo mentimos
para lograr resistirnos,
para lograr soportarnos?

La blanca noche se extiende
como una manta de sombras
sobre la mente dormida
en un sueño de imágenes
que cobran vida propia
sin estar nunca vivas.
El sueño que no descansa

ni se permite la pausa
y todo lo arrebata y destroza.

¡Qué de tristezas le espera
al ser que menos alienta!
Metido en su caja de música,
siempre la misma cancioneta.

Acerca de la luz

Acerca de la luz no hay algo escrito
que la pueda contener y dar cobijo.
Si espero el ojo capaz de percibirla
las sombras recubrirán los salones
y las alfombras y ventanas hervirán
de burbujas incandescentes.

Árboles de flores brillantes destellan
en medio de la negra planicie
que recorre la distancia entre ambos,
rotos pedazos de una noche lejana
en la memoria y en la calma del viento.

Mi sino

Τι σιωπηλά πού ἀλλάζουν οἱ ἐποχές. Νυχτώνει
ἀπέραντα.

Cómo cambian en silencio las estaciones. Anochece
interminablemente)

Yannis Ritsos, *Orestes*.

Sé que voy a morir. Es mi sino.
Como todo ser que alienta vida,
esta se le escapa un día de la boca
y no le volverá ya jamás.
Ni a regocijar las tardes nemorosas,
ni a despertar las mañanas activas,
ni a alentar las fértiles madrugadas.
Sé que voy a morir como morimos todos,
como murieron mis padres y los miles
de abuelos que les precedieron. Como
mueren y murieron el resto de la humanidad.
Veo el rostro de la muerte y su final
y me envuelve el velo melancólico
que protege la razón del sinsentido
y su demencia. ¿Quién se explica
tanta desmesura, tamaña farsa?
Los miles de poetas que antaño fueron;
los cientos de filósofos, los físicos,
los magos, nigromantes y farsantes

versicoloridos y multifáricos; los popes,
pastores y presbíteros, sanadores, hierofantes,
meditabundos y *nuevaeras*, jipis, melenas
y toda la parafernalia del triste humano,
no aciertan ni a una sombra de pálida
semejanza que refleje esta amargura.
A menos que quieras destruirlo todo
y vivir en el desierto de la amargura,
las normas y las reglas nos dan hueco,
espacio para vivir en tanta desolación.

Soledad sonora

Volver de nuevo al aire
silente y tan quedo,
cuajado de sentidos.
Esa soledad sonora
del místico que pocos
aceptan de buen grado.

La esencia del mundo

No puedes cambiar la esencia del mundo
que sigue sus reglas y sus normas;
apenas las entiendes y se escurren
como humo entre tus manos, inasibles,
etéreas, mas certeras como dardos.

Con toda tu razón no abarcas la distancia
y eso presupone tu caída desde abajo,
porque arriba te has creído, pero no hallado.
No puedes desear la sinrazón de este mercado
sin sentir bastante ese desgarro, esa zarpa
que te cruza las entrañas verdaderamente suyas,
como un animal rabioso contra el medio;
aislado de la manada, no tiene gozo ni cobijo
y se enredan en las zarzas sus entrañas
que desgarran el tejido de la vida palpitante.
Sangre y vísceras que no vemos, que se esconden
a los ojos como un obsceno parto atormentado.

Quizá hayamos fermentado bagatelas
para darnos alimento en malos tiempos,
cuando los vientos nos acosan como ráfagas
de demasiada luz sin importancia ni consuelo.
¡Cómo aúllan los destinos de dolor sin solución
ni medicina! La buscaron en las cloacas fétidas
de su propia disolución irremediable, pozos
de ambicionada amargura por la búsqueda
que pronto se advirtieron ponzoñosos en su miel.

Los ojos no siempre quieren ver el cielo
ni columbrar la inmarcesible dicha
que se esconde tras los árboles altísimos.
El cielo se presenta inaccesible y su tormenta
nos recuerda demasiado nuestro sino.
Pero nos hemos creído sus promesas,
que acabarán con nuestras penas y dolores,
que tendremos vidas fáciles y sin substancia
todo el rato enchufados a un ordenador
matemático.
Así despejaremos nuestras dudas de por vida,
como pilas de un moderno transistor siempre
    [emitiendo.

Fantasmas de otras vidas

No puedo soportar la angustia
de las largas tardes sin saber su causa,
ni su origen, ni el motivo de tanta sombra
en medio de una luz que aterra, cálida,
hermosa y casi decadente, llena de belleza
en su profunda, multifacética oscuridad.
Porque esas tardes infinitas están llenas de
　　[recuerdos
que se agolpan como caballos encerrados
a punto de partir a la carrera.
Me sacuden inconstantes vibraciones
todo el cuerpo, a pesar de los músculos
y los huesos, jóvenes y acostumbrados
al ejercicio intenso.
Fantasmas de otras vidas cobran sueño
por las habitaciones inundadas de luz
y un pálido resplandor reverbera en las esquinas
cuando asombrado descubro las veleidades
de una mente que nunca descansa.
Al final se acercan las Parcas a cobrar su tributo
y toda la casa revienta de placentera calma.

La campana

Hago sonar una y otra vez la campana.
Nadie acude.
Las sombras del fuego cada vez más altas.
Nadie lo entiende.
Al final se consumen en su propia sorpresa.

Hemos olvidado

En algún punto hemos olvidado, tristes,
la carrera del sol, que cada día
recorre el eje de nuestro mundo;
aparece y anochece sin fallar nunca,
jamás, un solo día, un instante.

Conocimos un día que su carrera
es la nuestra tras su senda y su deriva
y cegados por la luz ya no acertamos
a ver la mágica ilusión de las estrellas
ni su danza productora de vida.

Deseamos certezas, algo que no se aviene
ni con el mundo ni con nosotros, seres
de un día que reclamamos la eternidad
por las obras de que solo unos son capaces.
Y aún así, persistimos fatuos en el engaño.

Definición

Quién soy yo es incierto, pues si quiero definirme
no sé dónde comienzo. ¿Soy un hijo? Sin duda
por ahí comencé a ser, pues antes de nacido
no existía en el mundo que todos conocemos
(y no tenemos conciencia de ningún otro
    [universo).
¿Pero me define mi filiación? No totalmente, sin
    [duda;
tan solo es un aspecto, aunque iniciador y base
de toda mi existencia. No hay otro modo de ser
en el mundo que ser hijo. ¿Soy un ser que piensa?
Desde luego y sin duda me define el pensamiento,
¿pero sólo soy raciocinio? Nada de eso. Tengo
    [también
sentimientos y pasiones que se escapan a mi
    [mente
tantas veces y en tal grado que aturden mi
    [entendimiento.
¿Soy un cúmulo de células? Sí, y también más
    [que eso.
¿Hay infinidad de conexiones en mi cuerpo? Sin
    [duda las hay
y también mucho más que eso. Hay tanto que no
    [se explica
y tal vez nunca se pueda hacerlo, crean lo que
    [crean algunos
ilusos del avance perpetuo. Da la impresión de

[que, en esencia,
no hemos logrado gran cosa con el paso de los
[siglos
en cuestión de pensamiento. Más bien tal vez al
[contrario.
El avance tecnológico es patente, pero la
[estupidez le va pareja.
Como si por un lado fueran
los avances materiales y por otro
la vida del pensamiento enferma,
o que, con cuanto más se cuenta,
menos se esfuerza el discernimiento.

No deseo

Lebenstrieb, Todenstrieb.

(«Pulsión de vida, pulsión de muerte»)

Sigmund Freud, *Jenseits des Lutzprinzips.*

—Tanto te quiero
que no deseo que crezcas
para que no te vayas de mí, para
que siempre seas mi bebé,
mi niñito.

—Tanto dices que me quieres
que en verdad me quisiste
solo como un muñeco,
una posesión
que se desprecia,
como toda posesión, a la que no
se la considera un sí mismo
nunca.

Y hoy su vida es un vacío
pervertido por la perversa
causa que le dio la vida.

El Tiempo

Yo no soy el que fui porque a mí –como
a todos– me ha ido asesinando el tiempo.

Jaime Siles, *Poética y poesía.*

El tiempo, que devora lenta y mansamente,
o rápido y fugaz, con ansia bruta, la manzana,
al tiempo que construye soledades de aire
en los páramos yermos de la inconsciencia,
seres de luz, seres de otro mundo y realidades,
pensamiento elucubrado y vida en el imaginario
universo donde sobran las palabras y los mapas
son destinos de impresiones incandescentes.

A veces, la luz de una candela que se muere
deja adivinar los jirones del ayer
que son atados para el viento tan helado,
apenas un instante necesario y vil.
Y entretanto, la necesaria carrera sigue
su marcha inexorable y crudelísima adelante
con un alarde de fuegos artificiales
absolutamente deslumbrantes y enloquecidos.

Todas las noches

Todas las noches, con una dentellada gris,
lacera la carne y la seduce el viejo sabio
de supremos dedos, orgánico y fantasmal,
como una letanía de martillos y muros.
La torre se enrosca hacia el duro cielo
de mármol veteado de horizontes perdidos.
A lo lejos resuena una libélula entre pardas
madrigueras de conejos sin rumbo ni gozo;
solo corretear entre las briznas y devorarse
les lleva una vida sobre las mismas hierbas.

Máscaras

Entraban y salían, día y noche,
disfraces de una sombra.
Subían y bajaban la escalera,
cargados con su máscara de miedo.

Álvaro Galán Castro, *Plenitud y*
vacío, «El ruido, el silencio».

La llama sagrada se eleva desde su trono de
    [piedra,
magnífica y serena sobre la noche encendida de
    [estrellas,
un faro casi de procelosa pero indicadora luz.
No encuentro las alas de la noche
entre la deslumbrante, caliginosa,
absorta negrura brillante, como un ágata,
pulida y tersa, de insondable y oscurísimo espejo,
y mi alma de niño se estrecha con el lógico miedo
a lo ignoto y oscuro que en hombre se esconde y
    [pervive.

Qué dolor y qué atrayente demanda al mismo
    [tiempo,
como si las fauces fuesen alimento y desgarro
en el mismo proceso y fuese voluntario a la pena.

Las sombras son la máscara
de los miedos que no hablamos
y dirigen los pasos de los pies cansados

y rojos de nuestras vidas, trémulas mariposas
de un instante que pervive eterno
en la noche fragante del arte intangible
transido de luz y de mágico porvenir.

Toda la magia del mundo

Ma faim qui d'aucuns fruits ici ne se régale
Trouve en leur docte manque une saveur égale:
Qu'un éclate de chair humain et parfumant!

(Mi hambre, que con ningún fruto aquí se regala,
halla en su docta falta un sabor que le iguala:
¡un reviento de carne humana y perfumante!)

S. Mallarmé, *Poésies*, «Mes bouquins
refermés sur le nom de Paphos».

La falta que asienta el trono de la existencia
humana en medio del desierto de la vida
enciende de miedo las hambres famélicas,
tristes hienas corredoras que sarcásticas
se ríen de la modestia y la ilusión virgen
cuando nace tras el parto de la idea madre.
¿Tenía razón Platón cuando caminaba
erguido sobre la espalda de su amado?

La carne es un débil reflejo de la gloria,
necesario complemento, pero ajado.
Yo no puedo desligarme de su lazo
y ahí encuentro mi destino y desdicha:
dolor y gloria luminosa en un abrazo
combinados: Toda la magia del mundo.

Posibilidad de retorno

*«La fe es la substancia de las cosas que se
esperan», cita innumerables veces don
Miguel a san Pablo, y toma al comentarlo lo
que se espera por lo que se desea o quiere.*

María Zambrano, *Pensamiento y poesía
en la vida española*, «El querer».

Tantas veces encegados hoy en día
por las pálidas lucecillas de los tópicos,
vegetamos burdamente la existencia,
tan magnífica, feraz, exuberante,
llena de una vida que se nos huye,
presurosa, de las manos ateridas
por el frío mortalísimo de la ceguera
padecida tras una larga enfermedad,
decenios de reiterada y machacona
ausencia de toda armonía razonable
y presencia autoritaria y férrea
de un demonio insensible y tirano,
que reviste las formas del momento,
del aire y las banderas, las proclamas,
la vacía carcasa de la sinrazón moderna.

Encuentro la fe; no veo la esperanza
porque la esperanza hace tiempo
que huyó despavorida de los campos

hacia otras tierras donde las estrellas
aún puedan verse en la noche oscura.
Y no hay posibilidad de retorno,
no hay vuelta posible, pues no hay
una tierra que anhele sus huellas.

Su mejor sentido

El sinsentido del vivir es su mejor sentido,
envuelto en los papeles y las sedas finas
y multicolores de las alas de mil mariposas.
Unos tantos quisieron agotar la existencia
y ponerle límites y herraduras. Todo reventó,
volcánico y telúrico, una noche tras otra,
en llamas y cenizas y cizalla, en humo
y en metralla tan biológica que aturde
las cansinas vanidades mentecatas.

Esclavos a conciencia

Μὴ δῶτε τὸ ἅγιον τοῖς κυσὶν μηδὲ βάλητε τοὺς
μαργαρίτας ὑμῶν ἔμπροσθεν τῶν χοίρων,
μήποτε καταπατήσουσιν αὐτοὺς ἐν τοῖς ποσὶν
αὐτῶν καὶ στραφέντες ῥήξωσιν ὑμᾶς.

(No deis lo sacro a los perros ni echéis
vuestras perlas por delante de los cerdos, no
sea que las pisoteen con sus patas y
tornándose os despedacen.)

Evangelio de S. Mateo 7, 6.

¡Qué espanto! Nos hemos dado en objetos
para entregarnos a los placeres y ventajas
de la objetividad más pragmática y burda,
para servir a otros dueños y señores
como antaño hicieron nuestros abuelos
y sus propios abuelos antes que ellos.
Para gozar de tanta molicie y de una vil
tranquilidad, nos hicimos esclavos a conciencia
y entregamos la más preciada perla a los cerdos,
que, a pesar de los trajes y las joyas caras,
aún siguen revolcándose en el fango.

Tristeza

Je t'adore à l'égal de la voûte nocturne,
Ô vase de tristesse, ô grande taciturne,
Et t'aime d'autant plus, belle, que tu me fuis,
Et que tu me parais, ornement de mes nuits,
Plus ironiquement accumuler les lieues
Qui séparent mes bras des immensités bleues.

(Yo te adoro al igual que a la bóveda nocturna
¡oh, vaso de tristeza!, ¡oh, gran taciturna!,
y te amo tanto más, bella, cuando me rehuyes
y cuando me pareces que más irónica incluyes,
ornamento de mis noches, inmensas distancias
que separan mis brazos de las azules estancias.)

Ch. Baudelaire, *Fleurs du mal,* XXII.

Toda melancolía es tristeza de un día
que ya se fue y no solo se acaba.
Deja su huella como poso de dulzura
en el tonel medio vacío que espera
el nuevo y palpitante mosto en primavera,
y nunca llega, siempre se anochece
en las lóbregas cavas húmedas y frescas
de las bodegas ancestrales, lar familiar,
tradicional refugio de inveterada ilusión,
que nadie quiere cambiar; ninguno desea
poner un esfuerzo de su parte, pero todos
esperan que el tiempo pasado recobre
su vieja dinámica y su gloria intachable.

¡Oh, tristeza, que no te has marchado
jamás del lado oscuro de la luna dormida!
En los bosques y páramos; en los lagos
y en las colinas amarillas; en los picos
de permanentes nieves y en las aceras
llenas de grasa y olor de pis, vive la desidia,
apagada y luminosa al mismo tiempo,
toda contradicciones en su vital delirio.
Esa es mi raza y mi destino ineluctable.

Dinámica del aire

Hermosa dinámica la del aire,
    volandero
        cimbreante
           un tanto zascandil.
A veces requiebro de un beso
que la aurora lanza a la distancia
que nunca alcanza a percibir
en toda su belleza. Me ahoga casi
la exhuberante
      luz que reverbera
          nuestra azul existencia.

Es más dura la caída

Ser más bien la nada que nada solicita
sino la ausencia, el desgaste del tiempo
en la fría y dura superficie de la piedra
que lanzaron hace mucho las estrellas
contra este terruño de ateridos huesos
que no paran de enfrentarse a la malicia
que un día ya lejano sostuvo la andadura
de sus macilentas carnes verdinegras.

¡Oh, triste desventura de un ayer periclitado
cuyos rescoldos aún timbrean en el fango
de un presente sin un norte ni un destello!
Solo fantoches fantasmas culebrean el aire
maloliente de las nuevas cloacas instaladas
bajo los antiguos campos plagados de sal.

Es más dura la caída cuando no hay altura
y la costumbre nos tuvo apegados al suelo.

Gozo secreto

Cuando quiero disfrutar de estas horas
y sus prietos goces placenteros,
pronto descubro que se han ido y solo
permanece su recuerdo que tanto hiere
al remembrarlo; mas no puedo ni quiero
tampoco dejar de hacerlo si bien duela,
que ese dolor es también motivo de gloria
y deja mi alma sumida en una distancia
que siento a la vez tan grata y deseable,
y arrimo mis pasos y sus sendas al calor
de sus llamas suaves y melosas, un placer
que a muchos colma y a pocos cautiva,
sumidos en esta niebla aparatosa.

El gozo secreto que se encuentra
tras penas largamente soportadas
lleva a tantos al delirio narcisista
de imaginarse crísticas pasiones.
Hay otro placer oculto tras la queja,
hecha objeto y motivo de un vivir
de pesares, y estéril hasta un punto
en que engaño y desengaño se funden.

Es necesario el dolor

Es necesario el dolor aunque su zarpa hiera,
rasgue la carne vencida por el tiempo y el sol,
demoledora luz que de frente ciega y aturde.
Pocos se enfrentan de cara, aunque sus rayos
gocen y disfruten recibir, benefactores y cálidos.
Pocos pueden aceptar demasiada luz en el cerebro
y no enloquecer o huir presurosos o subrepticios
o mirar hacia otro lado en un compulsivo baile
de ojos emocional y, por cobarde, trágico.

Es necesario el dolor, pero tantos se esfuerzan
en ocultarlo o desterrarlo, o camuflarlo bajo capas
de juegos vacuos e inconscientes, en una orgía
        [decaída
de penosas sensaciones, de críticas apáticas
o de continuadas distracciones que apantallan
la vida natural que llevamos dentro y la luz
que hace refulgir las sombras que nos forjan.

Es necesario el dolor, aunque los nuevos
        [fantoches
prometan la nueva Era donde el infinito se compre
y cada uno es su propio sacerdote y sacrifica
su propio cordero pascual en aras de la dinámica
feliz que predican sus nuevos libros sagrados.
¡Qué miedo da! ¿Y acaso no es el miedo
la pulsión más recalcitrante y que más inhabilita?

Modas

Lo tenemos todo y no estamos nunca contentos,
en una contienda continua con el yo
encerrado
en una jaula dorada de sutiles velos.

Modas. Toda la vida ha habido modas.
El problema es no saber
lo que uno es o lo que uno quiere
e ir vegetando en la existencia,
en tenso discurrir hacia la muerte
inevitable que pensamos olvidada.

Pocos quieren oír la verdad
o están preparados para ella.
Prefieren esconderse
en una compra o tras un café.
Mejor sufrir por dentro
y simular el gozo de la vida
que afrontar los claros ojos
de la pertinaz existencia.

Y así vegetamos, en lugar
de seguir una vida plena
que no queremos conocer.

Vorágine

Las cosas por si solas no valen casi nada.
Es el alma que las sustenta lo que les da su
  [sentido.
En medio de la confusión cremática
parece que brillan y refulgen,
pues fue metálico y brillante el valor del dinero.
Mas hoy es verde y mate, crespón de pulpa
  [alisada,
o incluso un código de unos y ceros.
Eso no le quita su símbolo, solo ha cambiado su
  [valor;
pero el daño se ha vuelto imposible
y pocos pueden manejar el peso de su culpa
arrolladora
y soportarla.

En medio de la vorágine consumidora,
las almas pobres se ven ingeridas
en una frenética deglución
sin digestión alguna
ni posible.
Constantemente masticadas,
constantemente revueltas y achicladas
y vueltas a revolver de nuevo
en otra continuada
deglución.

Así es neurótico soportar la penuria
de vivir cada día un rato tan solo sin motivo
ni respuesta a tamaña y atroz pantomima.

Pacto de silencios

Hay un pacto de silencios
que nos vela la existencia
de millares de suicidas,
en vida muertos, aterrados,
enclaustrados de sí mismos,
condenados del sistema
frío y eficaz, contemporáneo.
La obsesión por querer tenerlo todo controlado
no es algo nuevo en esta tierra,
pero quizá nunca fue tan generalizada
como lo es hoy en día.
Que no seamos conscientes
        de la servidumbre
           no significa
               que esta no exista.

Su bagaje

Dicen que cada uno elige sus neurosis.
No lo creo. Cada uno viene de fábrica.
Trae consigo su bagaje y este lo llena
con lo que pudo y le dieron. Nadie nace
sabio y entendido y algunos nunca lo son:
ni pasa nada, ni importa demasiado, ni es
drama sino esencia, por más que la mente
racional y demasiado vana se rebele.
Lo que más importa es aprender a vivir.

¡Qué pena!

¡Qué pena que hayamos olvidado,
en un insoportable sopor,
las luces divinas de los árboles,
la caricia del viento y el sol,
la leve y pálida flor que brinca
junto a la libélula en el prado!

Quise ser luz

Glauca de ojos, su belleza refulge
como aros de luz en la aurora,
anillos de gemas magníficas
cuajaban sus dedos divinos,
sonoras porcelanas al albur
de su talle elegante y gratísimo.
¿Quién halló de su noche el consuelo?
¿Quién sería su constante delirio?
Quise ser luz, pero me deshice en tinieblas.

Comunión

Enhiesto mástil de tornasolada sombra,
causa de tanta luz y de tanta belleza,
famélico fautor de historias y cuentos
a lo largo y ancho de la humana existencia.

No está en el solitario deleite su secreto,
aunque a veces se nos imponga necesario.
Está en la gloriosa carne en pasión convertida,
transfigurada esencia de unos dioses antiguos;
tomad y comed de mi sangre y de mi vida.

Mi carne turgente se cimbrea de gozo
y apetece tu carne como un niño goloso;
se revuelca y reluce, inflamada de glorias
que le saben a nada a la vez que le embriagan,
pues nunca sacian esa hambre de siglos
que le empuja por dentro, lobo inhumano,
cuyo blanco mordisco nunca cesa ni afloja.

Herida mortal que recorre una vida
del inicio a la tumba y otra vez al inicio
en una rueda inmortal de la que no soy muesca
ni gatillo, ni diente perpetuo yo mismo.

Solo un instante que brilla y se apaga,
fúlgida y temerosa luciérnaga
de tan corto vuelo y estancia.

Las cuerdas

¡Qué dolor nos producen las cuerdas
que nos atan con severos lazos
a los árboles milenarios y a la flor
que amanece en los campos desnuda,
lazos de amor y buenaventura,
de honor y reglas a fuego grabadas,
imposibles de olvidar, difíciles
de romper y dejar a lo lejos.
Las madres vigilan todo el año;
casi ninguna abandona su torre
ni suelta fácilmente su presa.
Y nosotros caemos premiosos
a sus pies, febrecidos y locos.
¡Pobres almas a una razón sujetas!
Y, aun así, es tan deleitoso el paso…

Quimera

Tú quisiste decirme que no eras tú
cuando te tenía delante de mis ojos.
Quisiste hacerme creer una quimera
tras decidir convertirte en crisálida.
Pero yo sé lo que veo y percibo
y sé que eres tú tras esas máscaras.

Puñal

Te enamoraste de mí
y tomaste la decisión
de sostener mi neurosis,
de cuidar de mis días
y también de los grises
panoramas que entrevelan
las mañanas olvidadas.

Hunde. Clava. Entierra
ese puñal en el adentro
de esta calma lacerada
en la que mis días llevo.

Hay

Hay un tú que me interpela
desde el hondo abismo de mi nombre,
un sordo grito de angustia observada
en la supuesta quietud de las alcobas.

Hay un sol que abrasa pareceres
desde el alto cielo meridiano,
una culebra que tenaz se enrosca
en la lábil materia de los días.

Hay una luz al fondo del pasillo
oscuro y larguísimo de la noche,
donde todo es amor y todo cielo
y las aguas siempre se retrasan.

Interrogantes

Hemos substituido los interrogantes por objetos
y mercadeo constante e irresoluto,
pero, aunque apantallados por imágenes,
ellos siguen ahí, eternos, incesantes, inmensos.

Miedos antiguos

Me recorren miedos antiguos los espacios
    [inmensos
del cuerpo, uno en pos de otro, en silente
    [compañía.
Caminan como las sombras, de grises matices
    [pálidos,
de etérea nube o húmeda niebla, en bosques
    [pelágicos,
plagados de óseas cornamentas de árboles
    [vetustos.

Siento como los huesos todos, cada músculo y
    [cada
minúscula hebra de mi esencia humana se tensa y
    [vibra
estremecida de un raro goce amargo que alimenta
la fiebre que consume la pulsión dorada por amar

de veras, amar la mágica belleza que se esconde
en la quintaesencia de todas las pequeñas cosas.
Y las nubes se desvanecen en hora con el sol.

Memoria de los descuidos

Ἐν δ᾽ ὀλίγῳ βροτῶν
τὸ τερπνὸν αὔξεται· οὕτω δὲ καὶ πίτνει χαμαί,
ἀποτρόπῳ γνώμᾳ σεσεισμένον.

ἐπάμεροι· τί δέ τις; τί δ᾽ οὔ τις; σκιᾶς ὄναρ
ἄνθρωπος. ἀλλ᾽ ὅταν αἴγλα διόσδοτος ἔλθῃ,
λαμπρὸν φέγγος ἔπεστιν ἀνδρῶν καὶ μείλιχος αἰών.

(En un momento, de los mortales
el deleite florece; mas en otro se derrumba,
sacudido por una prueba adversa.

Seres de un día; ¿quién es alguien?, ¿quién no es?
Sueño de una sombra el hombre. Pero siempre que
la gloria, de Zeus donada, venga, fulgente luz queda
sobre los hombres y un dulce periodo de vida.)

Píndaro, *Octava Oda pítica,* 92-96.

Cierto. No tenemos años mozos compartidos
ni la joven pasión adolescente o el empuje
lleno de gozo de una juventud enardecida.
No hemos caído exhaustos tras horas juntos
ni cada día apurado los labios del glorioso
combate enardecidos de sueños compartidos.
Pero tenemos la luz de la experiencia y la voz
que nos relata cada instante qué sorpresa
es amarte y que estés a mi lado cuando el sol
apaga la furia de sus rayos sobre la débil tierra

que una vez fue campo henchido de fruto y hoy
reposa de barbecho a la espera de resurrección.
Mas los muertos no le importan sino a los vivos
que desean perpetuar la memoria de sus
   [descuidos.

La luz en los cuerpos

Sombra de un sueño, en el verso de Píndaro, el
    [hombre.
¿Qué es la sombra sino la huella inasible y etérea
de la luz en los cuerpos?
Y la luz no es esencia sin sombra
ni esta existe sin el beso
de su amada brillante.
El sueño revive en la mente de las noches
    [adormiladas,
un mundo que no existe aquí presente
y es todo allí ausente,
la recreación de lo que no fuimos, o de lo que
    [quizá
deseamos y no dejamos ser.
¿Un reflejo de una vida que no fue
y quizá será algún día
es el hombre
y sus complejos?

El recuerdo

Lo más probable es que el recuerdo
de tu nombre y tu figura, de tu belleza,
se disipe con el aire mañanero
tras tu marcha.
No importa la grandeza, ni la carga,
ni el peso del silencio que nos dio vida.
Mañana ya hay otro amanecer
y otra circunstancia y otra cálida
promesa que nos conserve un año más.
Queremos engañarnos con el recuerdo,
pero la verdad se impone tras los velos
siempre, irresoluta sobre las máscaras.

Como el viejo sabio predijo...

Como el viejo sabio predijo
busco en otros cuerpos
el calor de una madrugada,
el ánimo febril que dé pábulo
a mis horas despreciadas,
a mis días sin prestancia,
a mis noches ahogadas
en la dulce pesadumbre
que se desliza a la mañana.

Busco y no encuentro
el amor desesperado,
el pálpito sensible y docto
que sustenta la balanza,
fiel preciso entre dos mundos
que se absorben y se estallan
como la ola y las rocas,
como la marea en las playas,
en su baile impredecible y vital.

La única posible salvación viene
del hombre, de sus entrañas,
del amor, deseo, pulso atraído
y a la vez ideado, sostenido, hecho
con las manos y la entraña misma
en un delicado mecanismo
que nadie jamás comprende
ni acierta a descubrir sus ritmos.

Hace falta detonar la espita,
la minúscula fracción de piedra
pedernal que prende la chispa
del inicio feroz que todo enciende.

¡Oh, Eros, divino infante que a todos
malogras y a la vez proteges de sí
mismos y la castradora noche!
Ven; sacude tu modorra de impúber,
acude donde el deseo languidece
e inflama ese pecho generoso y fértil
que espera largamente tu mirada.

Inflama las entrañas de gigante
con la presurosa llama de la vida,
anhelo por el falo faro de existencia,
túrgido motor y ardiente impulso,
cuyo perfume disipa los vapores
narcóticos de las flores de la oscuridad.

Y así la mañana recobra su distancia,
eleva su mirada de luz nueva
y sale a revivir como una primavera,
siempre alegre, siempre inquieta,
feraz, iluminada, de amores llena.

Animales para la tumba

La pregunta no es qué soy sino quién soy. Y
solo es quien el que puede reflexionar sobre
su ser, sobre su esencia.

¿No han vuelto de algún modo hoy
los seres humanos a ser
animales para la tumba?
¿No hemos tal vez olvidado,
o dejado en el pasado tiempo,
las fórmulas que nos crearon?
Seducidos por el instante
fugaz y breve de la apariencia,
despreciaron los humanos
la brillante luz de su estrella,
la que solo se veía
tras las sombras del esfuerzo,
en pos de una quimera,
tiránica y seductora,
de reflejos y mentiras.
Hemos preferido la tiniebla
de las comodidades fáciles
al esfuerzo creador y vital
de la noche de los tiempos.

Imágenes

El dolor de lo imperfecto oprime,
como una losa, la pobre carne lacerada
por el látigo de las circunstancias.
Ya no hay bondad, no hay vida
que valga sentido y motivo
para seguirla en el sendero
estrecho y empinado, rastrero,
lleno de inmundicia y maldad,
de otros en símiles situados,
pero llenos de ira y de malicia,
rezumantes el odio que se sienten.
Triste día a día sin dios ni patria,
sin caminos ni puentes ni naves
que puedan surcar los cielos
o el mar inmenso y tenebroso,
dejados en un yermo de placeres
que apagan el gusto y la memoria,
en imágenes ficticias de un ayer
o de un mañana que no llega.

Ruinas

Y si lo destruimos todo, ¿qué nos queda?
Las ruinas. Los despojos de un tiempo
en el que fuimos hombres y no máquinas.
Al igual que aquel romano se mantuvo
encerrado entre miles de pergaminos,
mientras las hordas de godos saqueaban
y quemaban las calles y casas de Roma,
y leía, fascinado por el fulgor de las letras
que contaban la historia y sus entrañas
de una humanidad que se desbordaba;
al igual que él, me aferro, aterrado y solo,
a toda la belleza del pasado que se abre,
expandido y luminoso, como flores de aire.

La furia del viento

La vieja veleta oxidada del campanario,
con su girante chirrido en pos del viento,
me enseña clara y precisa que no soy
solo razón ordenada y amable, limpia.

A veces sigo la furia del viento o su suspiro
y no entiendo mi conducta, aunque pretendo
comprenderlo todo, abarcarlo todo y no ser
una pluma aislada en un rincón del granero.

Desde las suaves colinas de la historia larga
resuenan los ecos de millares de seres
desconocidos que han hecho mi presente
y en las fuentes silentes y quedas manan
las ocultas deidades de los viejos hombres
que hoy se reúnen en asamblea y dictan
las normas irracionales con que me debato.

A veces olvidamos

A veces olvidamos –tan listos que somos–
que la vida son penas y son gozos, alegrías
y tristezas que se funden tantas veces…

A veces olvidamos que las tardes son azules
en su grácil transparencia y los amaneceres
nos llenan de luz divina el porvenir de un día.

Olvidamos tantas veces, tantas veces que duele
más por el olvido que por la herida
que en el alma dejan
las horas que todos pasamos en la queja.

El camino del saber

De la enorme complejidad de la existencia
¿quién podrá abarcar tan solo un ápice?
Aquel que emprenda el camino del saber
y en el campo de la templanza se cultive.
Si abandona el hombre la recta ¿qué le queda?
El capricho y la inconstancia.
De dónde aprenderás lo que es justo
y válido si nadie te lo enseña y manifiesta
cuando empieza la senda del alumno?
Errar en esos años primordiales
impide tu futuro desarrollo
y no está en tu mano decidirlo.

De esta ingente marea de estúpidos
¿qué esperaremos sino continuas proyecciones
de su naturaleza, en un baile sin fin ni motivo?
Una exhibición carnavalesca de sinsentidos
lógicos apura las copas del moderno
bienestar en aras de su dios más importante,
Narciso, el de la linda cara amada.

Devora el tiempo a sus hijos

Devora el tiempo a sus hijos según nacen
con el ansia-deseo de guardarlos dentro,
ajenos a la culpa de las circunstancias.
Es un padre severo y bondadoso
que ve toda la instancia del Mundo
en un momento álgido, cruel, fundante
e incomparable; la substancia
de aquello que somos y vemos.
A los ojos parece un sinsentido macabro,
pero es solo la razón que se rebela y no entiende
que su ser es en el tiempo y su tiempo está
    [marcado
que se acaba. Todo contradicción y
    [circunstancias
somos sobre las bases de una materia compleja,
informada de tiempo breve o eterno,
dado que juega su feroz partida una vez nace.

Es nada y lo es todo

¿Quién va a poder hoy día recordar
las figuras poderosas del pasado
si la memoria casi ya no importa
y la historia se cobija en las cátedras
donde ancianos vegetan moribundos
y sus jóvenes discípulos ignoran
profundamente motivos y causas
seducidos por la ideología?

Triste ventura la del caballero
cuya brillante coraza dejó
olvidada en un desván atestado
de la venerable mansión familiar.
Si somos seres para la tumba
¿qué sentido tiene guardar las reglas
si no es preservarnos para el futuro
y dar cobijo a nuestra descendencia?
O procurarnos una vida estable
y plena que nos sostenga y ensalce,
pues no todos deseamos la prole.

Mas demasiadas veces lo olvidamos
cegados por las chispas de la Vida.
Son los claros que de tanto en tanto
nos permiten gozar del bosque undoso,
lleno de misterios y de semblanzas;
la luz que todo inunda de repente;

el leve espacio, tan ensoñador,
tan místico y a la vez tan terreno,
que renombra los árboles danzantes
y enciende las hogueras del sentir
divinamente en este ser de barro.

Hay que flotar despacio en este aïre,
de quejidos lleno, pero de gozo,
y dejarse inundar de maravilla.
El silencio acoge y ayuda en sintonía:
toda vida es nada y a la vez lo es todo.

Memoria olvidada

Salta lejos,
luces de agua,
la memoria olvidada.

Una brizna de luz
floreció solitaria.
Soles de otoño.

Tres veces dancé
en la sala vacía.
La luna cantaba.

¿Cuál es el sentido
de todo o nada?
Todo es múltiple.

El infinito

No le es dado concebir el infinito
al pobre ser humano de cadenas
preso y aherrojado entre tinieblas
do la luz brilla solo unos instantes.
Su idea le trastorna y apabulla
tanto que la rechaza con ahínco
y busca perseguir practicidades
y demás fruslerías de novatos.
Pero para un alma bella y sufrida
siempre está tan vívida la llamada
de la boca del dios omnipotente
en cada rincón de cada estancia,
que resulta llaga y herida viva,
punzante, lacerada, tan intensa
en su dolor y a la vez brillante eje
de luz y de arcano conocimiento.
Que el dolor del infinito inalcanzable
hace sabio al pobre humano que abate,
es promesa y traición al mismo tiempo.
Mas mantiene encendida la linterna
que nos deja columbrar el motivo
del deseo natal de seguir vivos.

Sinfonía

¿Qué sé yo qué es amar?,
¿cómo puedo abordarlo?
¿Cómo puedo entender lo que es incomprensible,
sino solo vivido y aceptado, padecido y éxtasis,
una sinfonía de dolores y gozos
que ninguno ha escrito,
que se compone sola,
por obra de su virtud radical,
día a día, minuto a minuto, segundo tras segundo,
y así en una baile infinitesimal
del que no tenemos constancia,
que no somos capaces de comprender del todo,
que nos huye, nos elude de algún modo
para tener su propia existencia
en simbiosis perdurable con la nuestra,
en un todo esencial.

No soy capaz de decir por qué amo.
Solo lo vivo y padezco.
Hay un otro que se ha puesto a investigar.
Ese podrá en la distancia,
en el aparte de la anestesia reflexiva,
tal vez ahondar su misterio,
elaborar pociones de deseo,
explicaciones de creencias invisibles
que nada o poco sirven
para la vida que se desarrolla
y serpentea.

Después de todo
seguirán matando las ilusiones y fantasmas
todos los que no pueden
hacer otra cosa pues la llamada les guía.
Y mientras tanto seguiremos el resto
en la pretensión de las palabras.

Los espacios siderales

No me aterran los inmensos espacios siderales,
que solo conozco por los libros y la tele,
por otros que de ellos nos dan noticia
y son solo imágenes,
imágenes
que yo nunca podré ver, ni atravesar,
ni recorrerlas
montado en una nave conveniente.
No me aterran
porque, aunque existan allá lejos, muy lejos,
tan lejos que su propia lejanía los borra,
en el cierto fluir de mi existencia cotidiana,
su huella es tan solo un reflejo impreciso y vago
del pensar que somos límite y que somos bellos,
que somos tanto y que somos nada,
algo que se diluye y un día fenece
sin que deje más huella
que un par de recuerdos vanos
en la mente de quienes nos convivieron
por un tiempo,
hasta que la desmemoria
o el natural discurrir
los apague.

Las horas

Veo morir las horas. O tal vez deslizarse.
No lo sé muy bien. Solo veo que se han ido,
que tras un instante más o menos largo
se han ido, tal vez tras unos pájaros.
Y no acierto a ponerle nombre, a describir
su pausada apresurada marcha, evasión
o quizá evanescencia en las cálidas horas
de la tarde, cuando ya se arrastra, pálida,
hacia la oscuridad luminosa de la noche.
Vi morir las horas y me di cuenta de mi sueño.
No quiero que me interpretes, no. Quiero
que me veas y me aceptes, si ese es tu deseo.
Si no, sigue tu camino como yo sigo el mío,
siempre lejos; unas veces solo, muchas
tan solo una mirada en la luz del momento.

Con científico cuidado

Y cada tres días, con científico cuidado,
regaba las plantas de plástico del salón
y las que llenaban cada esquina de la casa.

Índice